Vivre en harmonie avec le monde réel

Perfectionner votre rôle parental intérieur

Jeu de 48 Cartes

Gary Edward Gedall

Publié par

From Words to Worlds

Lausanne, Switzerland

www.fromwordstoworlds.com

ISBN : 978-2-940535-67-5

Cher lecteur,

Je suppose que vous avez acheté le livre
principal ou que vous avez bien compris le
concept et la manière d'utiliser les cartes

Je me contenterai donc de vous rappeler
que votre première tâche consiste à trouver
les images qui décrivent le mieux vos
principaux parents intérieurs ou stratégies
d'adaptation, en ce moment.

Ensuite, réfléchissez aux situations dans
lesquelles vous vous trouvez et où elles ne
fonctionnent pas très bien.

Ensuite, regardez les autres cartes et
descriptions, pour voir quelles autres façons
de faire face à vous-même et aux situations
extérieures pourraient mieux fonctionner
pour vous.

À partir de là, il s'agit d'un processus de réflexion, de méditation et de mise en pratique des attitudes et des compétences de votre nouvel archétype de parent.

Je vous souhaite à tous beaucoup de plaisir et de succès.

N'hésitez pas à m'écrire si vous avez des commentaires ou des réactions, et bien sûr, toute critique ou partage sur ce livre serait grandement apprécié.

Avec mes plus chaleureuses salutations

Gary Edward Gedall,

Lausanne, Switzerland 19 02 2023
gary.gedall@bluewin.ch

Le Nudiste

L'Assureur

Chevalier en armure

Le Bâtisseur

L'Assureur

L'assureur est la personne qui fournit la sécurité de ceux qui prennent des risques.

Prendre des risques est essentiel pour avoir une vie bien remplie, intéressante et passionnante.

Cependant, le désastre vous attend si vous refusez de prendre les précautions nécessaires !

Aspects négatifs

La vie nous offre parfois des opportunités qui comportent des risques pour lesquels nous n'avons ni le temps ni les moyens de garantir notre sécurité.

En étant trop prudents, nous risquons de manquer cette merveilleuse opportunité

Le Nudiste

Le nudiste représente un état de vulnérabilité totale.

Dans la plupart des situations de conflit, la réaction habituelle est soit de partir, soit de se défendre, soit de (contre)attaquer l'autre.

Le nudiste ne fait rien de tout cela, il accepte toutes les réactions comme des informations intéressantes et potentiellement utiles.

Aspects négatifs

Accepter toutes les critiques sans avoir le recul ou la capacité d'évaluer si la personne qui donne l'information est une personne de confiance ou non peut conduire à accepter un feedback inapproprié.

Le Bâtisseur

Le Bâtisseur prend un plan et crée un projet réel à partir de celui-ci.

Le Bâtisseur est tenace, il affronte tous les temps, et pourtant il continue.

Le Bâtisseur sait que le succès vient d'un effort constant.

Aspects négatifs

Adopter le plan de quelqu'un d'autre sans utiliser vos propres compétences et votre expérience pour évaluer s'il a un sens pour vous peut vous mener au désastre.

Gardez toujours la possibilité d'utiliser votre propre jugement.

Chevalier en armure

Le chevalier en armure est quelqu'un qui est bien protégé de la douleur et de la souffrance provenant de personnes ou d'événements extérieurs.

Il peut être particulièrement difficile de gérer le fait d'être trop sensible en général ou d'être confronté à des situations ou des personnes difficiles.

Apprendre à se protéger et à se défendre passivement rendra la vie beaucoup plus facile.

Aspects négatifs

Se couper émotionnellement des autres peut nous rendre froids, sans amis et sans soutien alors que nous aurions nous-mêmes besoin d'une aide empathique.

Le champion

Le Fan

Le Diplomate

Le Sergent-major

The Fan

Le fan sait à quel point nous sommes fabuleux.

Peu importe ce qui se passe dans notre vie, personnelle, professionnelle, intime ou autre, le Fan nous verra toujours sous un jour positif.

Savoir, quelque part, que l'on est génial est un coup de pouce dont nous avons tous besoin.

Aspects négatifs

Nous risquons de trop gonfler notre ego.

Nous pouvons ignorer les messages nous indiquant que nous devons nous améliorer, que ce soit en nous-mêmes ou dans les choses que nous avons faites.

Le champion

Il est juste, approprié, éducatif et valorisant de combattre et de gagner nos propres batailles.

Cependant, nous n'avons pas toujours les moyens de faire face nous-mêmes à certaines situations, qu'elles soient physiques, mentales, émotionnelles, expérientielles ou autres.

Dans ces cas, il est essentiel de chercher, de trouver et d'accepter l'aide et le soutien d'une personne plus à même de le faire pour nous.

Aspects négatifs

Si l'on s'habitue trop à ce que les autres se battent pour nous, nous perdrons la capacité de nous défendre.

Le Sergent-major

Le sergent-major est l'incarnation même de l'amour vache.

L'effort, la ténacité, la concentration et le travail acharné vous apporteront les résultats dont vous rêvez, mais seulement si vous investissez en vous-même.

Aspects négatifs

Nous devons toujours rester conscients des limites de nos zones de confort.

Si nous nous poussons trop loin hors de ces zones, nous pouvons vraiment nous faire du mal.

Le Diplomate

Le Diplomate sait comment donner sans perdre.

La plupart d'entre nous basent leur image de soi sur le fait d'avoir raison et de prouver que l'autre a tort.

La plupart d'entre nous perdent, même si, sur le moment, nous gagnons.

Apprenez à gagner par le compromis.

Aspects négatifs

L'attente et le désir de trouver une solution gagnant-gagnant ne sont pas toujours possibles.
Certaines personnes ne sont tout simplement pas ouvertes à ça.

Le coach

Le Critique

Le policier

Le comptable

Le Critique

Le critique possède les connaissances, la culture et l'appréciation nécessaires pour pouvoir évaluer la valeur de la production qui lui est présentée.

La réflexion d'un critique peut être positive ou négative, mais elle est toujours basée sur une bonne compréhension de la pièce et est pleine de conseils utiles.

Aspects négatifs

Un critique n'est qu'une personne, il peut être influencé par une variété de facteurs différents.

Si vous n'êtes pas totalement convaincu par l'évaluation d'un critique, rien ne vous empêche de demander un deuxième avis.

Le coach

Le coach est positif, insistant et pousse à la perfection.

Cependant, il est également sensible, solidaire et centré sur la réussite de la personne coachée.

En fin de compte, c'est la personne elle-même qui, seule, devra affronter et braver l'opposition.

C'est à l'entraîneur de s'y préparer.

Aspects négatifs

Nous pouvons devenir trop dépendants de quelqu'un qui nous soutient et nous motive.

Cela peut conduire à la paresse émotionnelle

Le comptable

Le comptable travaille avec les faits.

Il additionne tranquillement et froidement les chiffres et nous informe des calculs réalisés.

Garder une distance émotionnelle par rapport à une situation « chaude » permet de l'évaluer et de l'analyser.

On voit clairement à travers les eaux calmes.

Aspects négatifs

Il y a toujours le danger d'ignorer ses propres sentiments et ceux des autres.
Ne devenez pas une machine à additionner insensible.

Le policier

Les policiers sont là pour informer et faire respecter les règles.

Ils ne les font pas et ne jugent pas si quelqu'un est coupable ou non de quelque chose.

Les règles sont créées par une autorité extérieure. Nous pouvons choisir de les suivre ou non.

Choisissez de les ignorer à vos risques et périls.

Aspects négatifs

Le policier ne participe pas à l'élaboration des règles.
Parfois, nous devons les briser.

Le professeur

Le Rebelle

Le marcheur

Le Juge

Le juge est un évaluateur impartial.

Sa tâche consiste à enquêter sur les faits et à conclure vis-à-vis du caractère approprié d'un acte par rapport aux lois ou règles pertinentes en vigueur, et, à partir de là, quant à la répercussion ou la conséquence la plus raisonnable.

La justice peut être aveugle, mais elle ne doit pas être sans cœur.

Aspects négatifs

Si nous nous trouvons trop souvent dans la peau d'un juge, nous risquons de passer à côté des expériences de la vie.

Le professeur

L'enseignant voit la vie comme une série de leçons à apprendre et une occasion sans fin de grandir et de se développer.

Plus un événement est vécu intensément, qu'il soit positif ou négatif, plus la possibilité d'en tirer profit est grande.

Apprenez de la vie et vous ne pourrez que grandir.

Aspects négatifs

Traiter tous les événements de la vie comme des leçons peut conduire à devenir trop passif et moins proactif.

Le marcheur

Le marcheur est là pour le long cours.

Le proverbe chinois dit qu'« un voyage de mille kilomètres commence par un seul pas ».

Une tâche importante doit être abordée dans une perspective à long terme, avec des efforts constants et réguliers.

« Lentement et sûrement, on gagne la course. »

Aspects négatifs

« Lentement et sûrement, on gagne la course ». . Parfois, choisir d'avancer, lentement, pourrait bien offrir trop d'opportunités à ses concurrents de réussir à votre place.

Le Rebelle

Le Rebelle connaît les règles officielles, mais ne les accepte pas.

Cependant, le Rebelle n'est ni un anarchiste ni un nihiliste.

Être rebelle, c'est s'opposer à l'establishment en faveur d'un ordre plus juste et plus moral.

Aspects négatifs

Choisir de ne pas suivre les règles entraîne une énorme responsabilité.

Nous mettons en péril nos relations avec ceux qui souhaitent rester dans les structures de la société.

Le vendeur

Le jongleur

Le maître d'
échecs

Le jongleur

Le jongleur peut s'occuper de plusieurs choses en même temps.

Être capable de jongler avec plusieurs balles à la fois, pour beaucoup d'entre nous, peut être un défi des plus difficile.

Cependant, il existe une astuce pour cela. Concentrez-vous uniquement sur la tâche spécifique qui vous occupe en ce moment.

Aspects négatifs

Essayer de garder trop de « balles en l'air », à un moment donné, peut se terminer très, très mal et nous pouvons nous retrouver à les laisser tomber toutes.

Le vendeur

Le vendeur n'est pas connu pour être le type le plus honnête ou le plus digne de confiance.

Être complètement et strictement honnête est une qualité admirable en général.

Cependant, il y a des circonstances où la vie n'est pas toujours aussi correcte…

Aspects négatifs

Ne vous laissez pas envahir par le « côté obscur » du mensonge de confort.

S'écarter de la vérité pour se lancer dans de véritables mensonges est une erreur, voire un danger.

Le maître d'échecs

Le maître d'échecs est un stratège.

Arrêtez-vous, regardez, réfléchissez, comprenez et planifiez avant d'agir.

Agir rapidement, sans réflexion, peut vous conduire à des situations de plus en plus graves.

Oui, il y a des cas où la réactivité est nécessaire. Ce qui peut aussi être une stratégie…

Aspects négatifs

Pendant que nous regardons cinq ou dix coups en avant, notre adversaire a trouvé une petite erreur que nous n'avons pas remarquée et a réussi à nous battre.

L'abdicateur

L'Abdicateur est celui qui abandonne.

Abandonner n'est pas un acte très apprécié dans notre société moderne.

Cependant, être capable de libérer nos investissements – financiers, temps et ego – dans certains projets et relations peut, parfois, être nécessaire.

« Celui qui se bat et s'enfuit
… vit pour se battre un autre jour. »

Aspects négatifs

Prendre l'habitude d'abandonner trop facilement est la recette parfaite pour ne jamais terminer ou réussir quoi que ce soit.

Le coureur

L'horloger

Le Flingueur

Le Sumo

L'horloger

L'Horloger est un perfectionniste.

Il n'y a qu'une seule façon de fabriquer une montre qui fonctionne – parfaitement. Il y a des moments où il faut faire un effort supplémentaire pour bien faire les choses.

« Fais-le bien la première fois, et ce sera la seule fois. »

Aspects négatifs

« La perfection peut être la voie royale vers l'échec », un concept auquel je réfléchis souvent avec mes patients anxieux.

Le coureur

Le Coureur avance, et à toute vitesse.

Il y a des moments où nous devons prendre toute notre énergie, notre désir et nos efforts et courir avec.
C'est le moment de montrer au monde que vous êtes quelqu'un à prendre au sérieux.

Allez-y !

Aspects négatifs

Courir dans la vie peut nous mener très loin.

Toutefois, c'est souvent le voyage qui apporte la qualité et la valeur, et non l'arrivée.

Le Sumo

Le Sumo reste sur ses positions.

Il est solide, sûr et statique jusqu'à ce qu'il choisisse de bouger.

Être capable de résister, d'absorber les différentes attaques des autres, peut être très utile et avantageux.

Tenez bon, et attendez votre moment.

Aspects négatifs

La lourdeur, la lenteur et l'inertie peuvent être des caractéristiques très négatives.

Le Flingueur / The Gun Slinger

Le Flingueur vit ou meurt en un battement de cœur.

La réactivité immédiate est l'ultime nécessité de survie.

Toutefois, une conscience aiguë de tout ce qui se passe ou risque de se passer, à tout moment, fait également partie de cet ensemble.

Soyez conscient, soyez prêt à réagir, réagissez.
Il n'y a que « les vivants et les morts ».

Aspects négatifs

Opérer à une vitesse de vie ou de mort peut certainement vous sauver la vie, mais peut aussi, accidentellement, prendre la vie d'une autre personne.

Le danseur

L'expressionniste

Daddy Cool

Daddy Cool est cool.
Parfois, il suffit de s'allonger et de laisser le monde s'écouler.

Détachez vos cheveux, enlevez vos chaussures et laissez tous vos soucis dehors.

C'est le moment de déstresser, de se détendre et de recharger ses batteries.

Aspects négatifs

Se détendre est une capacité essentielle pour rééquilibrer nos vies stressantes.
Toutefois, si cela devient un mode de vie, vous risquez de vous rendre compte assez rapidement que cela ne mène nulle part.

Le danseur

Le danseur comprend les rythmes et les flux de la vie.

Regardez une troupe de danseurs valser dans une salle de bal.

Un danseur sait comment manœuvrer dans la vie : avec douceur, avec élégance, mais sans les restrictions imposées par les autres.

Aspects négatifs

Éviter élégamment toute confrontation ou tout conflit peut être une façon très confortable de manœuvrer dans la vie.

Pourtant, il faut parfois protéger un certain territoire et accepter de se cogner la tête.

Le Clown

Le clown se moque de l'horrible gravité de notre réalité froide, dure, méchante et injuste.

Cela ne change pas du tout les faits de notre vie.

Ce que cela change, c'est notre appréciation et notre expérience émotionnelle des événements internes et externes.

Pleurez des larmes de tristesse ou des larmes de rire, le choix vous appartient.

Aspects négatifs

Parfois, il faut prendre les choses au sérieux. Le rire peut devenir un moyen d'éviter les situations et les décisions difficiles.

L'expressionniste

L'expressionniste n'a aucun intérêt à se limiter à de fins détails.

Il s'agit de s'attacher aux grandes lignes, de faire du brainstorming, du rêve éveillé, du moment créatif ou d'imaginer des solutions inattendues.

C'est le moment du « mieux que rien ».
S'exprimer, s'exprimer, s'exprimer, c'est tout.

Aspects négatifs

Il y a des moments où la créativité spontanée et l'expression immédiate et libre peuvent être appropriées.

Cependant, un travail bâclé et de mauvaise qualité ne sera jamais accepté dans un environnement professionnel.

Le Cavalier

Le Marin

L'Aéronaute

Le fermier

Le Marin

Le marin navigue sur les mers et les océans de la vie.

Nos vies peuvent être claires, calmes et confortables.

À d'autres moments, les rivières sont agitées, les mers houleuses, et le vent fouette les vagues.

Le marin peut maudire le temps, mais il sait qu'il n'a pas le pouvoir de le changer.

Surmontez la tempête et gardez le cap.

Aspects négatifs

Parfois, nous ne pouvons vraiment ni surmonter ni éviter un moment difficile.

Le Cavalier

Le cavalier est un humain monté sur un cheval.

Le cheval est plus grand, plus lourd et beaucoup, beaucoup plus puissant.

Un cavalier expérimenté sait comment permettre au cheval d'exprimer ses besoins, tout en réussissant à tenir fermement les rênes, les gardant tous deux en sécurité et sur le bon chemin.

Aspects négatifs

Il existe un équilibre très délicat entre le fait de laisser les gens « libres » dans une situation, de perdre le contrôle, de garder les rênes serrées et de bloquer tout mouvement et toute créativité.

Le fermier

Le fermier comprend les saisons.

Le fermier comprend le temps.

Le fermier prépare sa terre, plante ses graines, les nourrit et les arrose, et attend.

Le fermier comprend que les plantes poussent à leur propre rythme.

Le fermier comprend la patience.

Aspects négatifs

La patience est une vertu, la vertu est une grâce. Si vous avancez trop lentement, vous risquez de perdre la course.

L'Aéronaute

L'aéronaute s'élève au-dessus de nous.

Il y a des moments dans notre vie où le fait de s'élever au-dessus d'une situation, de prendre de la hauteur, d'avoir une vue plus complète et dépassionnée peut nous donner la perspective dont nous avons besoin.

Aspects négatifs

Prendre de la distance est un moyen parfait d'éviter les situations difficiles, peut-être trop parfait.

Le fait d'être au-dessus, supérieur ou détaché, peut également être une stratégie plutôt médiocre.

L'opérateur laser

Le Capitaine

Le juge de ligne

Le surfeur

Le Capitaine

Le capitaine se soucie du bien-être général de son équipage et de la réussite de sa mission.

Prenez les commandes, assumez vos responsabilités et soyez fier de votre tâche.

Avancez et assumez le pouvoir et la position que vous êtes prêt et capable d'assumer.

Aspects négatifs

Le capitaine, bien qu'il soit totalement aux commandes de son navire et qu'il en soit totalement responsable, reste capable d'écouter les conseils de son équipage.

Il n'est pas Dieu.

L'opérateur laser

L'opérateur laser comprend la concentration.

Plus l'énergie est dirigée, réfléchie et redirigée vers un champ d'intérêt spécifique et limité, plus le résultat sera intense.

Il y a des projets et des moments dans nos vies où tout ce qui nous distrait de l'important travail en cours doit être mis de côté.

Aspects négatifs

Évidemment, en vous concentrant sur une partie très limitée de votre vie, vous risquez certainement de passer à côté de quelque chose d'une importance majeure.

Le surfeur

Le surfeur surfe sur les vagues.

Si l'on essaie de bloquer ou de résister à une force puissante, alors cette force vous écrasera.

Si vous prenez cette force et l'utilisez pour vous faire avancer, alors elle sera votre plus grande alliée.

Aspects négatifs

Rouler sur les vagues nous donne la liberté d'être conscients de la direction vers laquelle la vie nous pousse, sans la laisser entraver notre indépendance.

Cela peut être une chose merveilleuse, ou non.

Le juge de ligne

Le juge de ligne est chargé de nous garder « entre les lignes ».

Sans limites claires, nous pouvons facilement nous retrouver « dans tous les sens ».

Il est important de rester sur la bonne voie et de se concentrer sur la tâche à accomplir.

Aspects négatifs

Rester toujours dans les limites des règles de la société, des attentes familiales ou des normes de votre groupe peut devenir très restrictif et entraver votre capacité à vous exprimer en tant qu'être humain complet et riche.

Le Séducteur

L'Ornithologue

Le Grand Patron

Le joueur

L'Ornithologue

L'ornithologue, ou observateur d'oiseaux, crée une cabane camouflée, une cachette, et attend de découvrir et d'enregistrer ce qu'il voit.

La connaissance est le pouvoir.

Savoir et comprendre ce qui se passe réellement est une réelle valeur.

Aspects négatifs

Se cacher est une stratégie très intéressante.

Cependant, être une personne invisible peut être à la fois une protection, mais aussi un énorme handicap.

Le Séducteur

Le séducteur offre des rêves en échange d'avantages.

Il procure à la personne des sentiments de plaisir ou de satisfaction. Cependant, il ne se prostitue pas et ne se victimise pas dans ce processus.

Il est doux, subtil et délicieusement séduisant.

Aspects négatifs

Trouver des moyens d'obtenir ce que vous souhaitez dans la vie peut être très agréable.

Cependant, le fait de ne pas apprendre à travailler pour gagner quelque chose par vos propres efforts et de ne pas éprouver le plaisir de le faire peut vous rendre émotionnellement faible et impuissant.

Le joueur

Le joueur prend des risques.

Le bon joueur prend des risques en fonction de sa capacité de jugement.

Un bon joueur sait comment juger si un risque vaut la peine d'être joué.

Aspects négatifs

Parfois, nous sommes tellement convaincus que quelque chose est juste que nous sommes prêts à tout miser dessus.

Parfois, nous pouvons avoir tort !

Le Grand Patron

Le Grand Patron est une personne qui prend le contrôle total et la pleine responsabilité lorsque les choses se compliquent.

Il a confiance en lui pour faire face aux situations difficiles, plus que quiconque.

Quand les choses se compliquent, le patron s'y met.

Aspects négatifs

Prendre le contrôle des situations difficiles signifie que vous prenez toutes les décisions importantes.

Cela peut être très destructeur dans de nombreuses situations relationnelles.

Pilote des montagnes russes

L'évaluateur de risques

Le bricoleur

Atlas

L'évaluateur de risques

La vie est une affaire risquée.

Si nous prenons des risques déraisonnables, nous risquons de subir des pertes importantes.

Si nous restons dans une sécurité déraisonnable, nous souffrirons d'un ennui majeur.

Si nous avons trop peur de l'avenir, nous détruirons le présent.

Aspects négatifs

Si chaque tournant de votre vie exige une évaluation approfondie des risques, la vie vous passera sous le nez avant que vous n'ayez fini vos calculs.

Pilote des montagnes russes

La vie a ses hauts et ses bas ; prenez chaque moment pour ce qu'il est, bon ou mauvais, il ne durera pas.

Parfois, nous n'avons aucun contrôle sur ce qui nous arrive ; il faut donc lâcher prise et aller où la vie nous mène.

Aspects négatifs

Le sentiment de n'avoir aucun contrôle sur sa vie peut conduire à un sentiment d'impuissance et de dépression.

Le lâcher-prise doit être soigneusement dosé.

Atlas

Il porte le monde sur ses épaules

Il accepte la responsabilité de tous les autres
Il trouve la force et le pouvoir de continuer.

Il acceptera cette lourde charge jusqu'à ce qu'il puisse trouver quelqu'un d'autre pour l'assumer.

Aspects négatifs

Le fait d'être le Titan, le Superman (ou la Superwoman) peut avoir un impact énorme sur l'ego.

Toutefois, ne laissez pas votre ego vous piéger en vous chargeant de tâches beaucoup trop lourdes et dont il est impossible de se libérer.

Le bricoleur

Le bricoleur aime faire les choses.

Il y a des moments et des endroits où la qualité et la précision sont nécessaires ou souhaitables.

Il y a des moments et des endroits où cela vaut la peine d'investir du temps et des ressources pour obtenir un résultat de grande valeur.

Il y a aussi des moments où « faire le travail » est la chose à faire.

Aspects négatifs

Personne ne doit prévoir de faire un travail « de mauvaise qualité ».

Le pacemaker

Le guerrier

Le mendiant sannyasin

Le Maître de Judo

Le guerrier

Le guerrier est brave, fier et courageux.

Parfois, nous devons laisser notre prudence et notre bon sens dans les tiroirs bien rangés d'une vie acceptable.

Parfois, nous devons risquer notre vie physique, financière, sociale, professionnelle et relationnelle.

Parfois, nous devons croire que « la mort ou la gloire » peut être le bon choix.

Aspects négatifs

Se lancer tête baissée dans une situation clairement dangereuse ne doit pas être pris à la légère.

Les dommages causés à vous-même ou à d'autres personnes peuvent être considérables.

Le pacemaker

Le pacemaker a une fonction intéressante dans la vie.

Sa force et son utilité consistent à montrer l'exemple.

En fait, il peut facilement sembler qu'il ne s'intéresse pas du tout à vous, car il a souvent tendance à se concentrer sur son travail.

Aspects négatifs

Aider et soutenir les autres à réussir est une entreprise merveilleuse et noble.

Cependant, nous devons parfois gagner nos propres courses.

Le Maître de Judo

Celui qui utilise la force des autres contre lui-même.

Quand nous sommes opposés à un ennemi de force supérieure.

N'essayez pas de gagner.

Permettez-lui de perdre.

Aspects négatifs

Cela ne peut fonctionner que contre un adversaire actif qui utilise son pouvoir directement contre vous.

Le mendiant sannyasin

Le mendiant sannyasin ne possède rien.

Il n'acquiert rien.

Il ne souhaite rien.

Rien est tout pour lui.

Aspects négatifs

Avant de prendre une telle position, il faut être totalement clair sur le fait que l'on est prêt à renoncer à tous les biens matériels, au statut et au pouvoir.